A. Ketschau

Notizbuch Wölfe

Bibliografische Information der Deutschen Nationalbibliothek:

Die Deutsche Nationalbibliothek verzeichnet diese Publikation in der Deutschen Nationalbibliografie; detaillierte bibliografische Daten sind im Internet über

http://dnb.d-nb.de abrufbar.

© 2022

Herstellung und Verlag: BoD – Books on Demand, Norderstedt

Ketschau, A.

Notizbuch Wölfe

ISBN 9783755784272